Ernst Pasqué

Arien und Gesänge aus: Der erste Glückstag komische Oper in drei Acten

Ernst Pasqué

Arien und Gesänge aus: Der erste Glückstag komische Oper in drei Acten

ISBN/EAN: 9783743389083

Hergestellt in Europa, USA, Kanada, Australien, Japan

Cover: Foto ©Thomas Meinert / pixelio.de

Manufactured and distributed by brebook publishing software (www.brebook.com)

Ernst Pasqué

Arien und Gesänge aus: Der erste Glückstag komische Oper in drei Acten

Den Bühnen gegenüber als Manuscript gedruckt.

Arien und Gesänge

aus:

Der erste Glückstag.

Komische Oper in drei Acten

von

A. d'Ennery und E. Cormon.

Deutsch von Ernst Pasqué.

Musik

von

D. F. E. Auber.

Ausschließliches Eigenthum von Ed. Bote und G. Bock,
(E. Bock),
Hofmusikhandlung JJ. MM. des Königs u. der Königin u. Sr. Königl. Hoheit
des Prinzen Albrecht von Preußen.

Berlin, 1868.

Personen.

Helene.
Djelma.
Gaston von Maltlepré.
von Mailly, Capitain.
Bergerac, Intendantur-Beamter.
Sir John Littlepol,
Der Gouverneur von Madras.
Ein Soldat.
Ein Officiant.

Französische und englische Offiziere und Soldaten; englische Bewohn
und Eingeborene von Madras; indische Mädchen, Diener und Bajadere

Ort der Handlung: bei und in Madras; Zeit: 1746.

Erster Act.

Gegend am Saum eines Waldes, zwischen Madras und Pondichery.
Französisches Lager.

Französische Soldaten; dann **Djelma**, junge indische Mädchen; später **Gaston**.

Nr. 1.
Introduction.

Chor der Soldaten.

Der Hauch der Lüfte wehet
Uns duftend Kühlung zu;
Ein Blumenteppich, ladet
Der Rasen ein zur Ruh.

Sagt, Freunde, kann es Schöneres geben,
Als nach des Tages Müh im Feld,
Hier, unter grünem Blätterzelt
Trinkend und singend dem Nichtsthun zu leben?!

(Sich etwas mehr belebend).

Doch wenn es gilt, dann auf zum Kampf!
Das Herz schlägt hoch im Pulverdampf
Für Vaterland, für Ruhm und Ehre! —
Wenn dann siegegekrönt die Heere,

Der Kanonen Donner schweigt
Und dem blut'gen Feld der Ehre
Neu der Blumen Flor entsteigt;
Alles sich der Ruhe freut,
Dann den Sang erneut:
 Der Hauch der Lüfte wehet
 Uns duftend Kühlung zu;
 Ein Blumenteppich, ladet
 Der Rasen ein zur Ruh.
Sagt, Freunde, kann es Schöneres geben,
Als nach der Arbeit im blutigen Feld,
Hier, unter grünem Blätterzelt
Trinkend und singend dem Nichtsthun zu leben?!
  Ein Soldat.
Den Zauber dieses Orts zu vollenden fehlen nur
Einige Schönen, uns Auge und Herz zu erquicken.
  Andere Soldaten.
Da sind sie schon — und reizend, zum Entzücken!
  Die Soldaten.
 Freunde auf, zum lustigen Streite!
 Nimmer winkte schönere Beute.
 Die indischen Mädchen und Djelma.
 Weh' uns! wohin entfliehen?
 Gnade! lasset uns ziehen!
 Mitleid habt, Erbarmen
  Mit uns Armen,
 Die flehend vor euch knien!
  Gaston
  Was soll der Lärm?

Die Soldaten.
Seht nur den herrlichen Fang,
Der glücklich uns gelang.
Nie machten schönere Beute wir!

Djelma.
Bist Du der Herr der Krieger hier?

Gaston.
Ich bin's.

Djelma.
So schütze uns und hemme ihr Beginnen;
Zu Indra's Tempel laß uns ziehn von hinnen.

Gaston.
Wo sucht ihr ihn?

Djelma.
Im ewig grünen Hain.
Dem mächt'gen Gotte sind wir Dienerinnen
Und ihm vermählt.

Gaston.
Fürwahr, die Schönsten hat er sich erwählt!

Djelma.
Zu schmücken den Altar
Mit Blüthen, frischem Grün,
Zum See zog unsere Schaar
Wo Lotosblumen blühn,
Als achtend weder Flehn noch Bangen
Deine Krieger uns gefangen.

Die Soldaten.
Wir lassen sie nicht weiter ziehen.

Die Mädchen.
Erbarmen! sieh uns flehend knien!

Gaston.
Laßt sie! entfernet euch!
Seid ohne Furcht und bannt die Thräne,
Ein Jeder von uns achtet Frauenschöne. —
In unserm Frankenland das Weib ist Königin.
Und holder Augen Flehen
Kann Niemand widerstehen.
In Frieden ziehet hin!
Djelma.
Du bist so gut wie weise.
Gaston.
Nur glücklich ich mich preise
Daß ich Dein Beschützer bin.
Djelma.
Für Dich will beten ich zu ihm, den wir verehren.
Kennst Du den Gott?
Gaston.
Nein, wolle mich belehren.

Djelma.
Melodie.

1.

Indra, unser Herr und Gemahl,
Leuchtend und schön wie ein sonniger Strahl,
Gott des Lichts, der Sterne der Nacht,
Durch Liebe beseligt und glücklich macht.
Ihm entströmt alles keimende Leben;
Was erfreuet hat Er uns gegeben.
Jede Blume durch ihn erblüht,
Lust und Liebe die Herzen durchglüht;

Sein Hauch ist's den wir athmen im Duft
Der säuselnden Frühlingsluft.
Indra, unser Herr und Gemahl,
Leuchtend und schön, ein sonniger Strahl,
Gott des Lichts, der Sterne der Nacht,
Durch Liebe beseligt und glücklich macht!

2.

Er ruhet auf schwellendem Moose,
Ist vom Holz der duftenden Rose,
Sein Auge Demantschein.
Hundert Gattinnen nennt er sein,
Die in Treue ihn erwählt —
Obgleich er hundert Jahre zählt!
Indra, unser Herr und Gemahl,
Leuchtend und schön, ein sonniger Strahl,
Gott des Lichts, der Sterne der Nacht,
Durch Liebe beseligt und glücklich macht!

Nr. 2. Madrigal.

Gaston.

Wer beneidet nicht das Heil,
Das Gott Indra ward zu Theil!
Reicher doch als Blumenpracht
Und Sonnenschein, ihn Eure Liebe macht.
Vermag des Auges Demantglanz
Zu schauen der Gattinnen blühender Kranz,
Dann gäb' er gerne Würde und Stolz,
Wenn er nicht wäre — ein Gott von Holz!

Gaston.

Die Trommel ruft!

Die Soldaten.
Vorbei die süße Ruhe!
Der Ton uns mahnt an Dienst und Pflicht.
Gaston.
Ihr harret hier im Schatten bis zum Abend,
Zieht heimwärts dann bei Indra's Sternenlicht.
Die Soldaten.
Kann Freunde es wohl Schöneres geben,
Als nach des Tages Müh im Feld,
Hier unter grünem Blätterzelt
Der Liebe und dem Nichtsthun leben?!
Gaston.

Nr. 3. Romanze.

1.

Hab und Gut ward mir entrissen,
Doch noch Aermere giebt's wie ich.
Mehr wie sie muß ich nicht missen,
Wozu also klagen, sprich?
Groll fand nie den Weg zum Herzen,
Kann nur lachen, singen, scherzen. —
Weicht doch die Nacht des Tages Schimmer!
Hoffen darf ich, erwarten noch immer,
Daß auch einstens leuchtenden Blicks,
Mir erscheint der Tag des Glücks.

2.

Die ich liebte, brach mir die Treue,
Ein Unglück, das mancher Gatte theilt.
Stets doch habe ich durch neue
Liebe des Herzens Wunde geheilt.

Ruhm und Liebe! nichts kann den Glauben
An eure Wunder dem Herzen rauben! —
Weicht doch die Nacht des Tages Schimmer!
Hoffen darf ich, erwarten noch immer,
Daß auch einstens leuchtenden Blicks,
Mir erscheint der Tag des Glücks!

aston. **von Mailly. Bergerac. Soldaten.** Dann **Littlepol** und **Helene.**

Nr. 4.
Ensemble und Ariette.

Die Soldaten.
Zu den Waffen! zu den Waffen!

Gaston.
Soldaten, haltet ein!
Ein Irrthum ist's, der bald sich uns enträthseln wird;
Es galt wohl einem Marodeur, im Wald verirrt.

Die Soldaten.
Man hat sie schon gefangen.

Gaston.
Was sehe ich, sie ist es!
Meine schöne Unbekannte hier?

Littlepol.
Erlaubt, ich bin ihr Cavalier.

Helene.
Verzeiht ihr Herren, wenn hier wir stören,
Unangemeldet erscheinen in Feindesland.
Dennoch empfängt man uns, was kann ich mehr begehren
Mit kriegerischen Ehren.
Das ist fast zu galant!

Gaston.
Wie ist es möglich, sprecht!
Helene.
Man will uns wohl verhören?
Littlepol.
Erlaubt —
Helene.
Sir John, schon recht.
Wir müssen sie belehren,
Daß wir nicht kamen um zu spioniren.
Littlepol.
Nein, nein, wir gingen nur spaziren.
Die Soldaten.
Spaziren?
Helene.
So ist's Ihr Herren, und noch dazu
In aller Ruh!
Arielle.
Hinaus, bei des Tages Beginn
Mit freiem Herzen, frohem Sinn;
Auf den Lippen ein heiteres Lied,
Die Blume pflücken die mir blüht,
Genießen was sich Schönes beut —
Welch Vergnügen, welche Seligkeit!
So führte der Zufall mich her.
Meine Herren, der Schuld'ge — ist er!
Auf raschem Pferde durchflog ich die Bahn,
Die duftige Ferne zog mächtig mich an.

Zu rasten und zu träumen
Den Hain ich mir ersah,
Betrat ihn ohne Säumen
War doch ein Freund mir nah! —
Die glühenden Wangen kühlen
Die Lüfte mit frischem Weh'n.
Wie sie mit den Locken spielen,
Das Schlagen des Herzens erhöh'n!
    Jedem Ziele
    Nahe ich
    Wie im Spiele,
    Fliegend mich.
    Hoch zu Pferde
    Ist mein die Erde,
    Und ich bin
    Ihre Königin! —
Hinaus, bei des Tages Beginn,
Mit freiem Herzen, frohem Sinn,
  Auf den Lippen ein heiteres Lied,
Die Blume pflückend, die mir blüht,
Genießen was sich Schönes beut —
Das ist Vergnügen — Seligkeit!
  So führte der Zufall mich her,
    Meine Herren, der Schuld'ge — ist er!

Chor und Gaston.

Anmuth und Schönheit von seltener Art
Sind hier mit köstlicher Laune gepaart.
Gefährlich wär' es, führte noch mehr
Solcher Feinde der Zufall daher.

Nr. 5. Duell.

Helene.
Frankreich's Krieger, so heißt's allgemein,
Die Damen über Alles verehren.
Zu solchem Lobe sage ich: nein!
Wollen Sie eines Bessern mich belehren.

Gaston.
Ein solcher Wunsch zu verlockend ist,
Daß man ihn nicht freudig erfüllen sollte.
Befehlen Sie! Was vollbring' ich zur Frist,
Daß Ihr Herz uns gleichen Beifall zollte?

Helene.
Wohlan, so kämpfen Sie
Für die Ehre Ihrer Heimathlande,
Und zeigen durch Galanterie
Daß Sie zu besiegen mich im Stande.

Gaston.
O reden Sie, ich bitte!

Helene.
In Madras wird
Ein Ball organisirt,
So glänzend und schön,
Wie nie man geseh'n.
Er hat mir der Sorgen schon viele gemacht,
Die Ruhe geraubt bei Tag und bei Nacht.
Und fände er statt, ohne daß ich dabei,
Ich glaube, ich würde verzweifeln — vergehen!
Drum Gnade! laffen Sie sich erflehen,
Und geben Sie Ihre Gefangene frei.

Erbarmen Sie sich
Und retten vor solchem Unglück mich!

Gaston.
Ein Verbrechen wär'
Es, bei meiner Ehr',
Dem Feste die Königin zu entziehen.
Kaum nahte das Glück,
Das ersehnte, dem Blick
Und schon will es mir wieder entfliehen.
Doch während in Freiheit Sie ziehen dahin,
Werd' ich meine Freiheit wohl nie mehr erlangen.
Hält Ihre Schönheit doch mächtig gefangen,
In Zauberfesseln mir Herz und Sinn.

Ensemble.
Helene.
Galanter, nein, o nein!
Kann wahrlich man nicht sein.
Meine Zweifel sind geschwunden,
Vollständig überwunden
Durch Sie, der werth des Ruhm's
Französischen Ritterthum's.
Und meine Dankbarkeit
Sei dem galanten Krieger geweiht!

Gaston.
Bezaubernder, o nein!
Kann wahrlich man nicht sein.
Ihr Wort, des Auges Blicken,
Ihr Lächeln mich entzücken.

Mein Glück, ich faß' es kaum·
Es dünkt mir wie ein Traum,
So feenhaft und schön,
Und wie ein Traum wird's wohl vergeh'n!

Gaston.
Bis zu den ersten Posten wird man sie geleiten.

Helene.
So rufen Sie Sir John, er soll mir Führer sein.

Gaston.
Unmöglich! Er darf nicht das Lager überschreiten.
Als Gefangner bleibt er hier.

Helene.
Das kann, das darf nicht sein.
Sie halten schön Ihr Wort, fürwahr!

Gaston.
Sir John droht keinerlei Gefahr.

Helene.
Ich kann als Tänzer ihn beim Balle nicht entbehren.

Gaston.
Bedenken Sie, die Pflicht!

Helene.
Wie schnell Sie mich belehren!
Schon glaub' ich Ihrem Schwur.
Wohlan, so hören Sie denn auch den meinen:
Dasselbe Loos soll mit Sir John mich einen.

Gaston.
Nicht Damen, Männer sind uns Feinde nur.

Helene.
Viel besser wär's, zu schweigen.

Gaston.
O hören Sie mich an!
Helene.
Nichts kann mich überzeugen.
Gaston.
Dem Gesetz ist unterthan
Sir John, und es verlangt —
Helene.
Wenn ihn man schuldig findet,
So verdamme man auch mich.
Gaston.
Hier jeder Vorwand schwinde
Helene.
Sein Schicksal theile ich.
Wird er erschossen, dann — erschieße man auch mich!
Gaston.
Haha! haha!
Helene.
Sie können lachen!
Gaston.
Bewundern muß ich Sie — was kann ich anders machen
Haha! haha!
Helene.
Er kann noch lachen!
Das also ist die vielbelobte,
Galante französische Sitte!
Gaston.
Daß Ihr Herz nur einmal sie erprobte!
Befehlen Sie über mich, ich bitte!

Ensemble.

Helene.

Ich wähnte ihn galant,
Doch schnell mein Glauben schwand.
Ich muß ihn zürnend fliehen,
Und nie sei ihm verziehen,
Was er an mir verbrach,
Den Spott, die herbe Schmach.
Wenn Haß mein Herz ihm weiht,
Ist's nur Gerechtigkeit.

Gaston.

Bezaubernder, nein, nein,
Kann wahrlich man nicht sein.
Mag Zorn den Blick beleben,
In Liebe sie ihn erheben —
Ich fühle mich gebannt.
Und Degen, Herz und Hand
Sei ihr in Treu' geweiht,
Jetzt, wie für alle Zeit!

Gaston. Jergerac. Officiere und Soldaten. Dann von Mail

Nr. 6. Finale.

Chor der Soldaten.

Heil unserm Capitain! wir bringen das Patent,
Das ihn zum Colonel ernennt.
Er ist des Glückes werth, das nun ihm wird zu Thei
Drum Ehre ihm und Glück und Heil!

Mailly.

Was haltet Ihr davon? Ihr Herren, redet offen.

Bergerac.
Die beste Wahl
Hat wohl der General,
Da Muth und Tapferkeit er ehren will, getroffen.
Gaston.
Ich, Colonel, welch' Glück! — Zu hoffen wagt' ich nie
Daß solche Ehr' mir werde.
Die Soldaten.
Wer sonst verdiente sie.
Mailly.
Wohl einer Laune nur hat er sein Glück zu danken,
Denn klar ist unser Recht, das nimmer dürfte wanken.
Der Aelteste im Rang —
Gaston.
Wohl hat der General,
Gerecht wie stets, gedacht, daß nicht der Jahre Zahl
Allein genüge hier, den Sieg davon zu tragen.
Mailly.
Was sonst bestimmte ihn?
Gaston.
Ich selbst, ich soll dies sagen
Mailly.
Intriguen!
Gaston.
Nein, Verdienste.
Mailly.
Und hab ich deren nicht?
Bergerac, die Officiere und Soldaten
Genug, Ihr Herren, genug! gedenket Eurer Pflicht!
Verletzt Ihr ferner sie, Ihr dürftet es beklagen.

Gaston.
Wohlan denn, Freund, hier meine Hand.
Mailly.
Biete sie mir, doch nur mit einem Degen.
Gaston.
Bewaffnet nur noch halte ich Ihnen sie entgegen.
Mailly.
Gut denn, bis morgen früh!
Gaston.
Bis morgen früh!
Mailly.
Dort am Strand.
Gaston und Mailly.
Dort sehen wir uns wieder, die Degen in der Hand!
Gaston.
Diese neue Schicksalstücke
Fehlte noch zu meinem Glücke.
Heute macht sie mich zum Colonel,
Und schickt mir für morgen — ein Duell!

Die Vorigen. Djelma und die indischen Mädchen (Bajaderen
Dann Helene und Littlepol.

Djelma und die Bajaderen.
Dem Vogel gleich,
Der durch das Reich
Der Lüfte schwebt,
Sich senkt und hebt,
So leicht beschwingt
Im Tanze ringt
Euch singend nun,
Ohn' Rast und Ruh'n.

Djelma.
Nun hebet
Euch, schwebet
Dahin im funkelnden Glanze
Der Sonne, im wirbelnden Tanze.
Denn Gott Indra
Sieht Euch, ihr Bajaderen.
Er ist uns nah,
Den wir im Tanze ehren,
Der uns im Herzen thront,
Mit Liebe reich uns lohnt.
Gaston.
Wo eilt Ihr hin in frohen Schaaren?
Djelma.
Uns ist ein Glück widerfahren.
In Madras bereitet man ein Fest im Schloß des Herrn;
Die fremde Dame lud uns ein, wir folgen gern.
Littlepol.
Sie ziehen fort, Cousine! Wie mich der Abschied rühret.
Helene.
Wir weichen der Gewalt allein.
Gaston.
Diese Herren ein Befehl in's englische Lager führet.
Sie dürfen — welch ein Glück! — Ihre Begleiter sein.
Littlepol.
Um jeden Preis soll man mich aus der Haft befreien.
Muß es sein, dann der Gefangenen — zwanzig dargebrach
Gaston.
Man sagt, daß unsere Feinde — Sie werden mir verzeih
Bis jetzt auch noch nicht einen Gefangenen gemacht.

Helene.
Auch werden wir deren machen!
Gaston.
Ich ließe, Ihnen zu dienen,
Mich selbst mit Freuden fangen!
Helene.
Auf baldig Wiedersehen! Ein Wort zum Abschied Ihnen. —
Gaston.
Wie mir!
Helene.
Ich hasse Sie!
Gaston.
Nein, größere Schicksalstücke kann es bei Gott nicht geben!
Der Eine will mein Geld, der Andere gar mein Leben.
Und da mein sehnend Herz der Hoffnung öffnet sich,
Sagt sie, die heiß ich liebe, zum Abschied — ich hasse Dich!
Warten wir! —
Einmal doch nahet er mir
Leuchtenden Blicks,
Mein erster Tag des Glücks!

Ensemble.
Helene.
Lebt wohl! Die Nacht sinkt nieder,
Doch sehen wir uns wieder
Bei unserm Fest, mein Wort dafür!
Wenn Alles strahlt im Glanze,
Die Musik ruft zum Tanze,
Eröffnen Sie den Ball mit mir.

Littlepol.

Wie gerne möcht' ich fliehen,
Mit Ihnen heimwärts ziehen,
Doch bin gefangen ich — welche Pein!
Wenn Sie sich an dem Glanze
Des Festes freu'n, beim Tanze,
Muß ich allein wohl ferne sein!

Djelma und die Bajaderen.

Bajaderen,
Den wir ehren,
Gott Indra,
Ist uns nah'.
Drum leicht beschwingt,
Im Tanze ringt,
Euch singend nun,
Ohn' Rast und Ruh'n.
Tanzet und singet,
Daß zu ihm es bringet,
Der uns im Herzen wohnt,
Mit Liebe reich uns lohnt!

Gaston und Mailly.

Sie }
Wir } gehen, die Nacht sinkt nieder,
Doch treffen wir uns wieder
Beim nächsten Abendroth.
Dann gilt es: Leben oder Tod.
Wem Muth und Recht zur Seite,
Bleibt Sieger in jedem Streite,
Sei noch so schwer er auch bedroht.

Bergerac, mit den Soldaten.
Auf fort! Die Nacht sinkt nieder,
Doch sehen wir uns wieder
Ihr Schönen, daran zweifelt nicht!
Dann sollt Ihr uns erhören,
Und nicht auf's Neue stören
Wird unser Glück die strenge Pflicht!

Ende des ersten Actes.

Zweiter Act.

Der Palast des englischen Gouverneurs zu Madras.

Nr. 7.

Helene.

Arie.

Der Gemahl
Eurer Wahl
Ist ein Gott ohne Leben,
Bald von Holz oder Erz,
Ohne Seele und Herz.
Der Gemahl,
Dem einmal
Unsere Hand wir gegeben,
Wie ein Gott wird geliebt,
Der den Himmel uns giebt.
Wenn er mit uns den Bund geschlossen,
Dem Dienst der Schönheit sich geweiht,
Wird mit uns theilen unverdrossen
Sein Recht er an der Göttlichkeit.
Ihm gelten alle unsere Triebe,
Sein Fühlen doch gilt uns allein.
Ist er im Tempel unserer Liebe
Ein Gott, werden wir ihm Göttin sein!

Der Gemahl
Eurer Wahl,
Was kann er wohl gewähren?
Keinen Tänzer zur Noth,
Er ist hölzern und todt.
Der Gemahl,
Dem einmal
Wir werden gehören,
Ist jederzeit
Uns zu dienen bereit;
Er wird Laune und Willen
Stets freudig erfüllen.
Unsere Liebe für immer ihm sei,
So schwört er — das höchste der Güter,
Und natürlich ist er uns treu.
Als Herr und Gebieter
Er gilt! Doch ist er es nicht.
Die Herren sind wir — wie man spricht.
Solch' Loos kann allein
Bei uns das Deinige sein. —
Fort von hier
Zu fliehen schnell entschließe Dich.
Komm mit mir,
Ein besserer Gott erwartet Dich.
Der Wunder übt,
Sein Herz Dir giebt,
Dich wieder liebt.
Und was Dein Mund, Dein Auge spricht,
Empfindet, hört er, zweifle nicht.
Er fühlt wie Du, was Dich bewegt,
Denn wie Dein Herz, auch das seine schlägt

Helene. Gaston. von Mailly. Jergerac. Gouvernen Djelma, indische Mädchen und Diener. Englische Officier englische und indische Gäste ꝛc.

Nr. 8.

Chor.

Froh genießet,
Was sich beut,
Es verfließet
Holde Triebe
Unserer Brust,
Jugend, Liebe,
Glück und Lust —
Kränze windet
Ihr uns kaum
Und schon schwindet
Ihr, ein Traum!
Drum zu neiden
Ist, wer klug
Lust und Freuden
Hascht im Flug.

Gaston.

Ich seh' von allen Schönen nur sie, die Reizgeschmückte;
Wie sie, noch nie im Leben, ein Weib mein Herz entzückte.

Eine Gruppe junger Mädchen,
Französische Officiere hier, auf unserm Ball?

Helene.

Eigenthümlich ist's auf jeden Fall.
Sie wollten eben heimwärts ziehn,
Doch lud ich sie zum Feste ein.

Die Mädchen.
Sie sollen liebenswürdig sein.
Helene.
Als gute Tänzer sind sie bekannt.
Die Mädchen.
Und auch als sehr galant.
Helene.
Die Herzen nehmt in Acht!
Die Mädchen.
Habt Ihr's gehört? — Seid vorsichtig und wacht!
Chor.
Froh genießet
Was sich beut,
Es verfließet
Schnell die Zeit.
Nur zu neiden
Ist, wer klug
Lust und Freuden
Hascht im Flug.
Der Gouverneur.
Nehmet Platz, die Sitze sind bereit.
Ihr Herren, reicht die Hand den Damen.
Bergerac
Ihr habt, es thut mir wahrlich leid,
Wie im Krieg und im Spiel, kein Glück in der Liebe.
Helene.
Von den Feen Deiner schönen, träumerischen Heimath
Sing', Djelma, uns ein Lied.

Djelma.

Nr. 9. Melodie.

1.

Horch! Durch die Schatten tönt verlockender Klang,
Die Djinnen sind es, ich hör' ihren Sang.
Sag', hast Du Furcht? — ja!
Vor dunkler Nacht? — nein!
Willst Du uns schau'n? — ja!
So komm herbei! — nein!
Komm, komm! — Still ist es, kühl!
Komm zu Tanz und Spiel.

2.

Sieh'! Dort schlingen sie sich im wirbelnden Tanz;
Ich seh' der Augen leuchtender Glanz.
Schlägt Dir das Herz? — ja!
Weißt Du warum? — nein!
Vor Liebe Dir bangt? — ja!
Willst Du sie flieh'n? — nein!
Komm, komm! — Hier findest Du
Liebe — süße Ruh!

Chor.

Bravo! bravo! reizendes Kind!
Dessen Gesang die Herzen gewinnt.
Dein Märchenreich wird froh begrüßt
Wenn solch ein Lied es uns erschließt.

Die jungen Mädchen.

An Dir, Helene, ist nun die Reihe.

Mailly.

Dem Feste geben Sie die Weihe
Und zaubern durch ein Lied uns, Allen wohlbekannt,
Zurück in unser fernes, schönes Heimathland.

Eine Mädchengruppe.

Sing' das Lied uns von Susanne
Und dem schmucken Corporal.

Helene.

Für einen Ball — diese Wahl!
Ich wag' es nicht!

Die Mädchen.

Laß' laut es erschallen!

Helene.

Wohlan, es sei! Euch zu gefallen.
Trompeten klingt und gebet das Signal!

Nr. 10.

Lied.

Susann', laß ein Wörtchen Dir sag'n:
Ich bin Corporal der Füsiliere.
Wenn stolz am Arme ich Dich führe,
Will mein Herz Generalmarsch schlag'n.
Mädchen ohne Gleichen,
Laß rühren Dich, erweichen!
Gefühlvoll, treu und galant
Biete ich Herz Dir und Hand
Als Gemahl
Und Corporal.
Auf Ehre!
Drum höre.

Susann', laß ein Wörtchen Dir sag'n:
Ich werde Sergeant der Füsiliere.
Doch höher noch ich avancire,
  Willst Du mit mir es wag'n.
    Mein Herz erregt
    Und wirbelnd schlägt.
    Entschließe Dich
    Und werde mein,
    Sonst nehme ich
  Stürmend die Festung ein!
Susann', Du sagst noch immer nichts?
Nur ein Wort sprich zu mir, Deines Winkes ich achte,
  Seufze und schmachte!
Horch! Musik erklingt, laß ohne Weilen
  Uns zum Tanze eilen.
    Reiche mir galant
      Die Hand.
  Dem ich meine Liebe weihe,
  Frisch im Tanze um mich freie;
    Krieger
    Nicht allein,
    Sieger
  Auch im Ballsaal muß er sein.
    Welch' Vergnügen,
      Schmiegend
      Sich wiegend
  Dahin zu fliegen!
Wie schlägt das Herz, wie wogt die Brust!
  O welche Lust!

Voran denn, ohne Zaudern:
Tanzen erst — dann plaudern!
Chor.
Beifall spenden wir
Mit vollen Händen ihr,
Der schönen Sängerin, dem heitern Lied.
Alle.
Froh genießet
Was sich beut,
Es verfließet
Rasch die Zeit.
Nur zu neiden
Ist, wer klug
Lust und Freuden
Hascht im Flug.

Nr. 12. Terzett.

Gaston.
Wie, fünfzig Louisdo'r — ist ein Wunder mir geschehen?
Das Schicksal begünstigt mich, nach manchem harten Schlag.
Es muß ein Irrthum sein, ein Versehen;
Oder nahte endlich doch des Glückes erster Tag?
Nein, nein, dort seh ich schon den Degenstoß,
Der morgen mein Loos.

Mailly.
Mein Gaston, ich bitte Dich um Deine Hand.

Gaston.
Meine Hand?!

Mailly.
Reiche sie mir.

Gaston.
Dir — meine Hand?!
Mailly.
Freunde laß uns sein,
Mein Unrecht seh' ich ein.
Gaston.
Wache oder träume ich?
Mailly.
Mein Herz belehrte eines Bessern mich.
Nun komme ich zu Dir als guter Camerade:
Colonel wurdest Du vor mir — viel Glück zu dem
Grade.
Gaston.
Wie, dies Avancement, Du kannst es mir verzeihen?
Mailly.
Es soll Freunde nicht entzweien,
Dir zu Liebe ich verzichte.
Bergerac.
Da morgen doch die Stelle Dein
Kannst leicht Du heute großmüthig sein.
Gaston.
Hoffnung, Freude, ziehen im Verein
In's Herz mir ein.
Denn ein Freund, den ich wiederfand,
Drückt mir die Hand.
Das Mißgeschick, dem ich erlag,
Es ist in Glück verkehrt, gebannt,
Und mir erstand
Ein neuer Tag.

Ensemble.
Mailly, Bergerac.
Welche Lust empfindet
Unser armer Freund.
Nur zu bald entschwindet
Was ein Glück ihm scheint.
Nicht dürfen wir uns ihm entdecken,
Es wäre um ihn gethan!
Nicht aus dem schönen Traum ihn wecken. —
Lassen wir ihm seinen Wahn.
Gaston.
Welche Freude mein Herz empfindet!
Unerwartet sah ich nah'n
Ein Glück, das nun wohl nicht mehr schwindet,
Das laut im Jubelton mir kündet:
Der neue Tag bricht endlich an!

Gaston.
Ich athme auf, das ist Glück, mir bleibt kein Zweifel.
Mailly, Bergerac.
Armer Teufel!
Gaston.
Nochmals: Deine Hand!
Mailly.
Mein theurer Freund!
Gaston.
Wie fühle ich mein Herz erwarmen,
Es schlägt in neuer Lebenslust.
Die ganze Welt möchte ich umarmen
Und drücken an die Brust.

Bergerac.
Bomben und Granaten! Das muß einen Stein erbarmen!
Wahre Freundschaft Alles fähig ist.
Den Prozeß, ich schlag' ihn nieder; zu Ende sei der Zwist,
Die Erbschaft Dein.
Ich sehe klar Deine Rechte ein.
Gaston.
Träume oder wache ich?
Bergerac.
Mein Herz belehrte eines Bessern mich,
Im Namen meiner Vettern, Basen, Tanten, Nichten,
Will gerne ich mich hier und feierlich verpflichten —
Gaston.
Ihr wollt auf diese Erbschaft —? Nein, nein, es wird Euch
reuen.
Bergerac.
Geld soll uns nicht entzweien;
Dir zu Liebe — wir verzichten.
Mailly.
Da morgen doch die Erbschaft dein
Kannst leicht Du heute großmüthig sein.
Gaston.
Hoffnung, Freude, ziehen im Verein
In's Herz mir ein.
Denn ein Freund, den ich wiederfand,
Drückt mir die Hand.
Das Mißgeschick, dem ich erlag,
Es ist in Glück verkehrt, gebannt,
Und mir erstand
Ein neuer Tag!

Ensemble.
von Mailly, Bergerac.

Welche Lust empfindet
Unser armer Freund!
Nur zu bald entschwindet
Was ein Glück ihm scheint.
Nicht dürfen wir uns ihm entdecken,
Es wär' um ihn gethan;
Nicht aus dem schönen Traum ihn wecken,
Lassen wir ihm seinen Wahn.

Gaston.

Welche Freude mein Herz empfindet!
Unerwartet sah ich nah'n
Ein Glück, das nun wohl nicht mehr schwindet,
Das laut im Jubelton mir kündet:
Der neue Tag bricht endlich an!

Nr. 13.
Duettino.
(Zweistimmige Romanze.)

Gaston.

O Seligkeit, o schöne Stunde!
Ein einzig Wort aus ihrem Munde
Den Himmel öffnet mir, und licht
   Wird es in meiner Seele,
   Zu der ein Engel spricht. —
   Wie fühl' ich mich erbeben
   Vor Wonnen ohne Zahl.
Und herrlich dünkt das Leben
Mir nun zum ersten Mal.

Helene.

Da unerbittlich ihn getroffen
Des Schicksals Schlag, kann er noch hoffen!
Ein einzig Wort — sein Auge sah
Beseligt schon den Himmel offen.
Und doch ist Unheil ihm so nah'! —
  Sein Loos läßt mich erbeben,
  Für ihn giebt's keine Wahl.
  Und herrlich dünkt das Leben
  Ihm nun zum ersten Mal!

Gaston.

Ein Wort beglückt mich schon.
O süßer — süßer Ton! —
In ihrem Auge seh ich Thränen
Und Mitleid — Liebe spricht ihr Blick.
Erfüllt ist all' mein Hoffen, Sehnen,
Und endlich — endlich naht das Glück!

Helene.

Nicht kann ich hemmen meine Thränen,
Geweiht des Armen Mißgeschick,
Noch grausam stören dieses Wähnen,
Den kurzen Augenblick voll Glück.

Gaston. Helene. Djelma. Der Gouverneur. von Mailly. Bergerac. Gäste.

Nr. 14.
Finale.
Chor.

  Endlich naht die Stunde
Die Lust und Freude bringt,
  Wo man in der Runde
Beim Becher lacht und singt.

Gaston,
darf ich — welch ein Glück! — zur Tafel sie geleiten?
Mailly, Bergerac.
Der arme Gaston! — Wie ihn vorbereiten?
Er scherzt und ach! die Zeit verrinnt.
Der Gouverneur.
Und meine Helene, das arme Kind!
Mailly.
Sterben muß er!
Bergerac.
Es ist fürchterlich!
Der Gouverneur.
Und der Andere! — Ich zittre, was soll ich ihr sagen?
Gaston.
Aus Mitleid! beruhigen Sie sich.
Helene.
Dies Weh ist nicht mehr zu ertragen.
Ensemble.
Chor.
Endlich naht die Stunde,
Die Lust und Freude bringt,
Wo man in der Runde
Beim Becher lacht und singt.
Der Gouverneur. Mailly. Bergerac.
Keine Hoffnung mehr. Welche Nacht!
Während sein Geschick sich erfüllet,
Nichts das Weh des Herzens stillet,
Scherzt und jubelt er und lacht!

Helene und Djelma.
Wehe mir! unselige Nacht! —
Unerbittlich sich erfüllet
Sein Schicksal und er — er scherzt und lacht.
Nichts das Weh des Herzens stillet,
Wenn er aus diesem Traum erwacht.
Die Gäste.
Zur Tafel!
Gaston.
Zur Tafel!
Allegro.

Gaston.
Genießet, Freunde, rasch mit vollen Zügen
Was ein schöner Augenblick uns beut.
Ein Traum ist Alles, und verfliegen
Wird Alles, was uns hier erfreut.
Kein banges Grübeln darf dem Frohen nahen,
Wenn die Freude ihm den Becher reicht.
Ihn leerend, wird ihn Glück umfahen,
Und jede Sorge schnell entweicht.
Dem Frohen nur gehört das Leben,
Nur er gewinnt der Liebe Seligkeit.
Die Jugend nur kann Frohsinn geben,
Sie ist die wahre goldene Zeit!
Ensemble.
Helene. Djelma. Mailly. Bergerac.
Der Gouverneur.
Er weiß Alles — und er lacht! —

Chor der Gäste.
Frohe Lust führt Jugend nur im Geleite;
Ihr sei die Nacht geweiht. —
Unser ist der Jugend Freude,
Unser ist die goldene Zeit!

Der Gouverneur.
Hören Sie mich, mein Herr!

Gaston.
Was soll's?

Der Gouverneur.
Reichen Sie mir Ihre Hand;
Ich muß — ich muß Ihnen sagen —

Gaston.
Alles ist mir bekannt.

Der Gouverneur.
Wie Sie wissen — Alles — und können noch scherzen — singen?

Gaston.
Warum nicht? Bei der Tafel müssen frohe Lieder erklingen.

Ensemble.
Gaston.
Genießet, Freunde, rasch mit allen Zügen
Was ein schöner Augenblick uns beut.
Ein Traum ist Alles, und verfliegen
Wird Alles, was uns jetzt erfreut.

Helene. Djelma. Mailly. Bergerac. Der Gouverneur.
Wehe mir! unselige Nacht!
Alles weiß er — und singt und lacht.

Gaston.

Dem Frohen nur gehört das Leben,
Nur ihm die Liebe Kränze beut.
Die Jugend nur kann Frohsinn geben,
Sie ist die wahre goldene Zeit!

Ende des zweiten Actes.

Dritter Act.

Helene. Dann Djelma. Chor der Frauen.

Nr. 15.

Chor und Nocturne.

Chor der Frauen.

Unter dem Himmelsbogen,
Vom Sternenlicht durchzogen,
Schlummere sanft und träume Deinen letzten Traum.
Wird neu der Tag erstehen
Mußt Du von hinnen gehen,
Frembling, und Deine Seele schwebt zum Himmelsraum.

Djelma.

Er schläft, von süßem Traum umfächelt,
Eingewiegt vom Sang der Priesterinnen Indra's.

Helene.

Sahst Du ihn?

Djelma.

Ich sah ihn! Sein Mund im Schlafe lächelt.
Er hauchte Deinen Namen — und schon beim Morgenroth —

Helene.

O schweig!

Djelma.
Da harrt des Armen sicherer Tod.
Helene und Djelma.
Nocturne (zweistimmig).
O Nacht, hab' Du Erbarmen,
Wende nicht von uns den Blick.
Den jungen Tag, in Deinen Armen,
Noch halte ihn zurück.
Mit seinem Lichte geben
Wird er ein neues Leben
Allen Wesen der Erde; Glück zieht in die Herzen ein.
Vöglein singend die Luft durchzieh'n,
Duftend Blumen neu erblüh'n,
Sterben nur soll Er allein!
O Nacht, hab' Du Erbarmen,
Wende nicht von uns den Blick.
Den jungen Tag, in Deinen Armen,
Noch halte ihn zurück!
Chor der Frauen.
Unter dem Himmelsbogen,
Vom Sternenlicht durchzogen,
Schlummere sanft und träume Deinen letzten Traum.
Wird neu der Tag erstehen,
Mußt Du von hinnen gehen,
Und Deine Seele, Fremdling, schwebt auf zum Himmelsraum

Nr. 16.
Littlepol.
Rondo.
Morgen schon mache ich
Auf die Heimreise mich,

Zu begrüßen das Land
Mit dem kreidigen Strand.
Wo der Himmel stets grau
Und der Nebel nie schwindet,
Wo die Themse sich windet
Träge durch Stadt und Au!
Dort ich ruhig und still
Meinen Thee trinken will;
Esse Plumpudding dann
So viel als ich nur kann.
Und die Zeit, die noch bleibt
Noble Lust mir vertreibt:
Hahnenkampf, Füchse jagen;
Boxen, Rennen, Wetten wagen;
Reden im Parlament,
Schön und lang, ohne End',
Die das Haus oft besiegt —
Und in Schlummer gewiegt.
Wie lebt da man vergnügt!
Morgen schon mache ich
Auf die Heimreise mich,
Zu begrüßen das Land
Mit dem kreidigen Strand.
Wo der Himmel stets grau,
Dessen Nebel nie schwindet
Und die Themse sich windet
Träge durch Stadt und Au.
Wo gemüthlich und still
Ich fortan leben will.

Denn nur dort mir der Sect
Und der Plumpudding schmeckt.
Doch nicht werd' ich allein
Solchen Glückes mich freu'n;
Ist die Gattin doch mein,
Die mit mir im Verein
Froh erfüllt den Beruf,
Wozu Gott uns erschuf,
Und dann schenkt eine Saat
Wackerer Bürger dem Staat.
Ja, der Himmel, er segnet das Eheband,
Daß wir Beide dann auch
Schenken nach altem Brauch
Wackere Bürger dem König und Old=England!

Gaston. Helene.
Nr. 17. Duell.
Gaston.

Dich seh' ich wieder, o Helene,
Da schon verloren ich mich gewähnt!
Ich lebe! und darf in Deiner Schöne
Dich lieben, wie mein Herz ersehnt.
Nun troz' ich des Schicksals feindlich Weben,
Da meine Zukunft sich rosig verklärt.
Wegen Dir nur hing ich noch am Leben,
Durch Dich erhält es nun höchsten Werth!

Helene.

Sein Jubel läßt mein Herz erbeben.
Der Aermste, der noch hofft und glaubt!
Durch mich nur hatte Werth sein Leben,
Durch mich wird Alles ihm geraubt.
Gaston — hören Sie mich an!

Gaston.
O rede, theure Helene!
Helene.
Sie sind nun frei —
Gaston.
Wohlan?
Helene.
Zu sterben ich wähne.
Gaston.
Aus Mitleid, rede!
Helene.
Wir müssen uns trennen.
Gaston.
Ich weiß es wohl. Der Krieg, der unsere Länder entzweit,
Er trennt auch uns, doch nur für kurze Zeit.
Helene.
Nein, für die Ewigkeit.
Gaston.
Großer Gott!
Helene.
Ein heilig Gelöbniß muß ich erfüllen,
Von dem es keine Befreiung giebt.
Nicht mehr gebiete ich meinem Willen.
Fliehen Sie! — Eine Andere wird Ihr Sehnen stillen,
Ich darf Sie nicht lieben — habe nie Sie geliebt!
Gaston.
Helene, Sie haben mich nie geliebt?!
Und gestern noch Ihr Herz — Ihr Mund es mir gestand —
Helene.
Das Unglück weckt Mitgefühl und rühret.

Gaston.
Ganz recht! Ich war verfallen sicherem Tod,
Und nur aus Mitleid —
Helene.
Wie muß das Herz ihm bluten!
Gaston.
Helene liebt mich nicht — sie hat mich nie geliebt!
Wohlan denn! weil des Schicksals Tücke
Mich bis hierher verfolgt, stets feindlich meinem Glücke,
Und Sie selbst mich scheuchen fort
Aus Ihrer Näh' mit herbem Wort —
So leb' denn wohl, Du schöner Traum meiner Liebe!
Leb wohl!
Liebe! höchstes Gut der Erden,
Wie hat um Dich mein Herz gebangt!
Du bist dahin, und nichts ist mir geblieben!
Kein Lächeln und kein Blick soll mehr mir werden,
Die da mir sagten: liebe! — ich will Dich wieder lieben!
Leb' wohl, ich scheide — Du hast es verlangt.
Fahr' hin denn, was mir der Erde Seligkeit,
Ein Wort macht elend mich für alle Zeit.
Leb' wohl, ich scheide! Für ewig leb' wohl!
Helene.
Ich muß dulden und schweigen.
Fahr' hin denn, der Erde Seligkeit,
Ein Wort macht elend mich für alle Zeit.
Machtlos meinem Sehnen,
Finde ich nur Thränen,
Dem entschwundenen Liebesglück geweiht!
Leb' wohl, in Ewigkeit!

Gaston.

Nr. 18.

Stanzen.

1.

Den Namen, dem entblühte
Der schönste Kranz, den nur das Erdenleben flicht,
Den ich, ein süß Geheimniß, in meiner Seele hüte,
Mein Mund, er nennt ihn nicht.

2.

Den Namen, dem ich klage
Mein Weh in stiller Stunde, der mir ein Stern so licht;
Dem treuesten Freunde ihn mein letzter Hauch nur sage,
Wenn einst mein Auge bricht.

**Helene. Gaston. Littlepol. Der Gouverneur. Djelma.
Chor der Gäste.**

Nr. 19. Finale.

Chor.

Die glückliche Stunde
Endlich uns erscheint,
Die zu ewigem Bunde
Ihre Herzen eint.
Auf, in die Kapelle
Ziehe, frohe Schaar,
Wo an heiliger Stelle
Segen wird dem Paar!

Littlepol.

Haltet ein!

Alle.

Was giebt's?

Helene.

Mein Herz fühl' ich beben!

Littlepol und Gaston.

Ein Wort, Herr Gouverneur! O sagen Sie geschwind,
Wer eigentlich die beiden Gatten sind?

Der Gouverneur.

Wie, Sie errathen nicht?

Die junge Braut ist diese.

Littlepol.

Diese?!

Der Gouverneur.

Demnach müssen Sie der Bräutigam sein.

Gaston.

Sie?!

Littlepol.

Welch ein Licht! Sie ist es meine Cousine, die er liebt!

Gaston.

Und mit Ihnen wird sie vermählt!

Littlepol.

Meine Tage sind gezählt.

Chor der Gäste.

Folgt des Glöckchens Ton,
Der Priester harret schon.

Littlepol.

Haltet ein!

Helene

Was wollen Sie beginnen?

Littlepol.

Weiß ich es selbst? — Er muß — er muß von hinnen!

Doch hält dies gar zu schwer.
Selbst wenn den Muth ich hätte, Sie Ihrer Pflichten
Zu entheben, auf unsere Verbindung zu verzichten —
Sie willigten niemals ein, Sie hassen ihn ja zu sehr!

Helene.
Cantabile.

Nicht um zu hassen schuf Gott unsere Seelen,
Zu lieben nur, dem Unglück Mitleid zu weih'n.
Dem seinen weinte Thränen ich, die nicht verhehlen,
Daß, bannend den Haß, die Liebe zog in's Herz mir ein.
Wie Ihnen, droh'n auch ihm vernichtende Blitze,
Und mich nur retten können Sie allein.
O nehmen Sie Alles — Alles was ich nur besitze
Und nicht mich opfernd, werb' ich ihm zu eigen sein.
Denn ich hasse ihn nicht! — nein, ich liebe ihn!

Gaston.

O Gott!

Littlepol.

Welch' göttlich Weib! Mich betet an das Opferlamm,
Und nimmt, um mich zu retten, ihn als Bräutigam.

Gaston.

Endlich nahte er, mein erster Tag des Glücks.

Alle.

Mit ihm grüßen wir jubelnd die Morgenröthe,
Die ihm verkündet leuchtenden Blicks
Den ersten Tag des Glücks!

Ende der Oper.

Gedruckt bei Julius Sittenfeld in Berlin.